ОБВЕДИ И РАСКРАСЬ

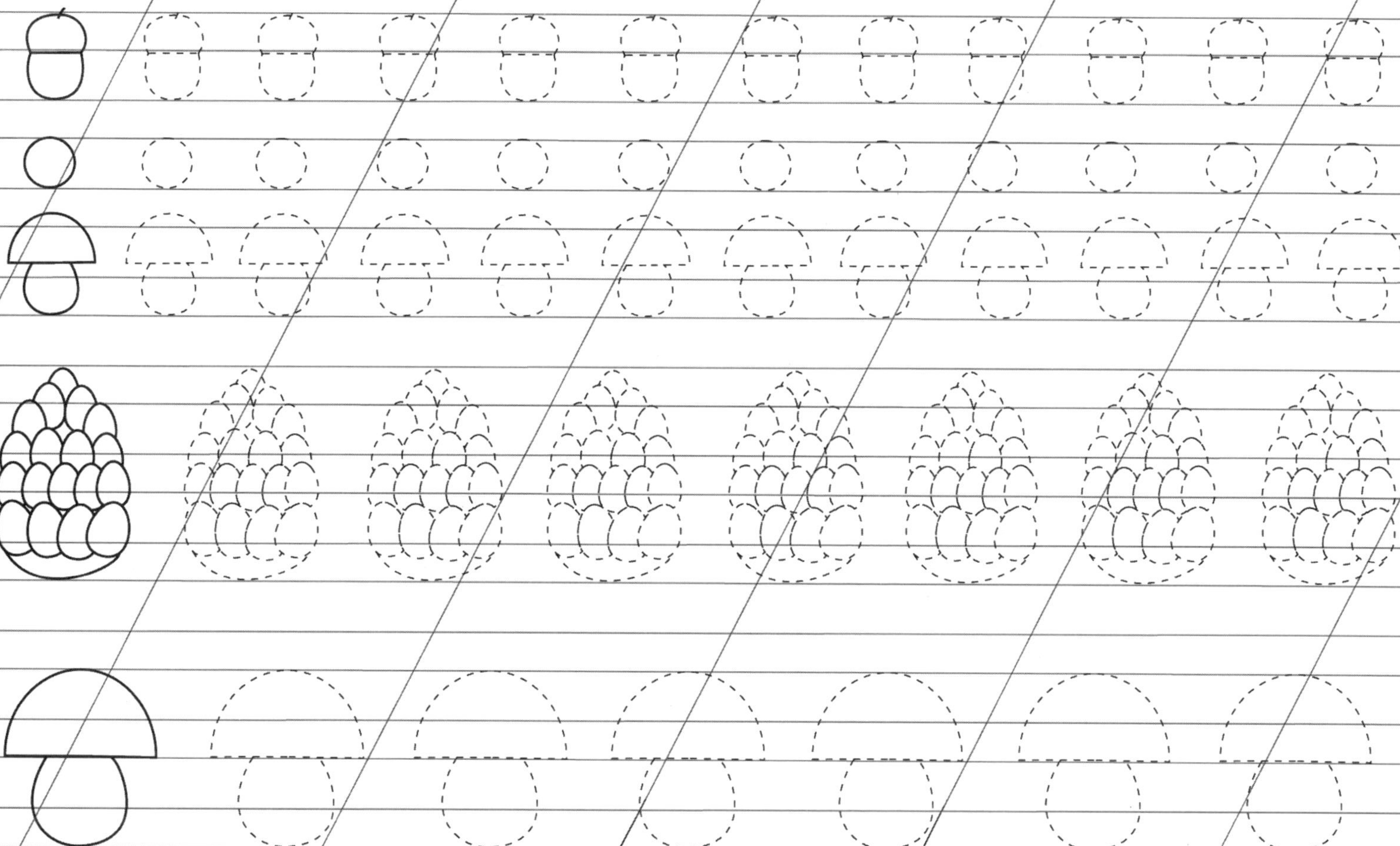

ОБВЕДИ И РАСКРАСЬ

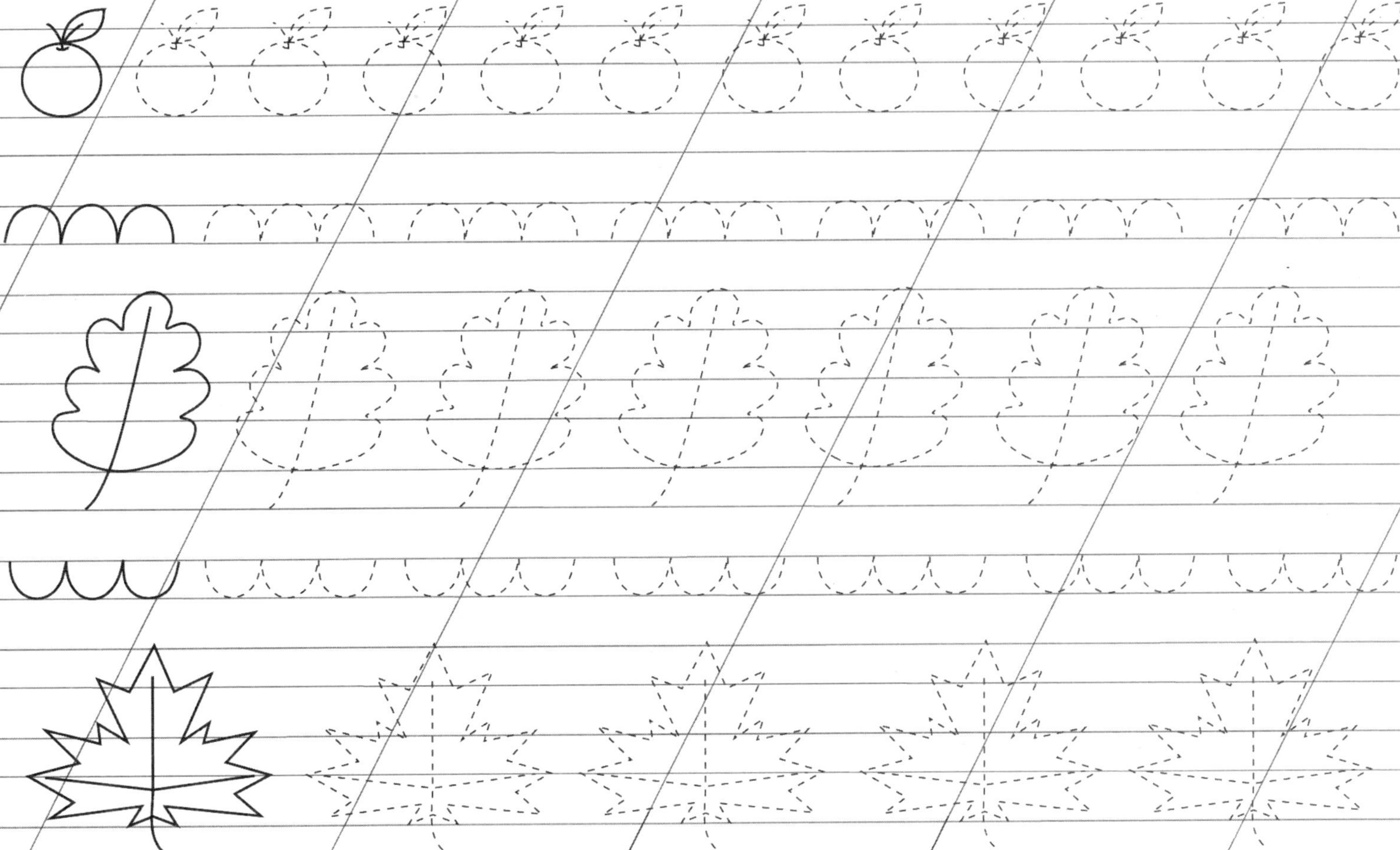

ОБВЕДИ И РАСКРАСЬ

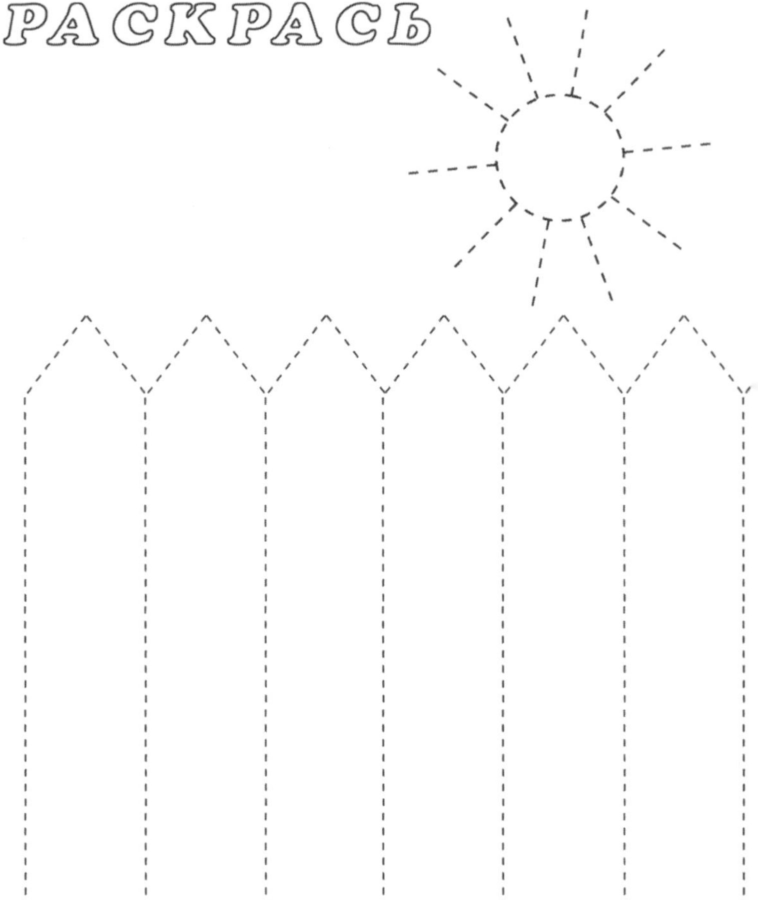

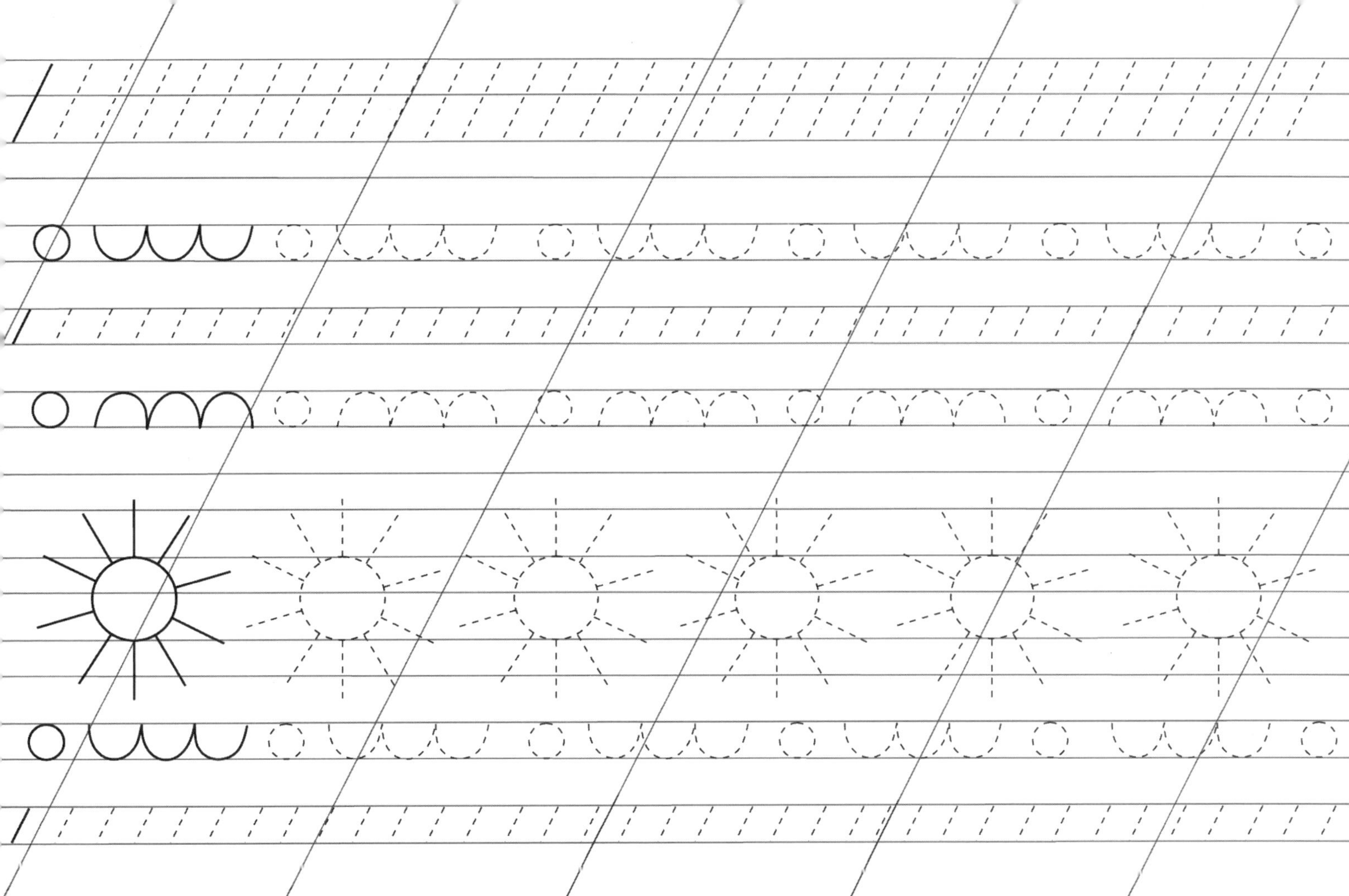

ОБВЕДИ И РАСКРАСЬ

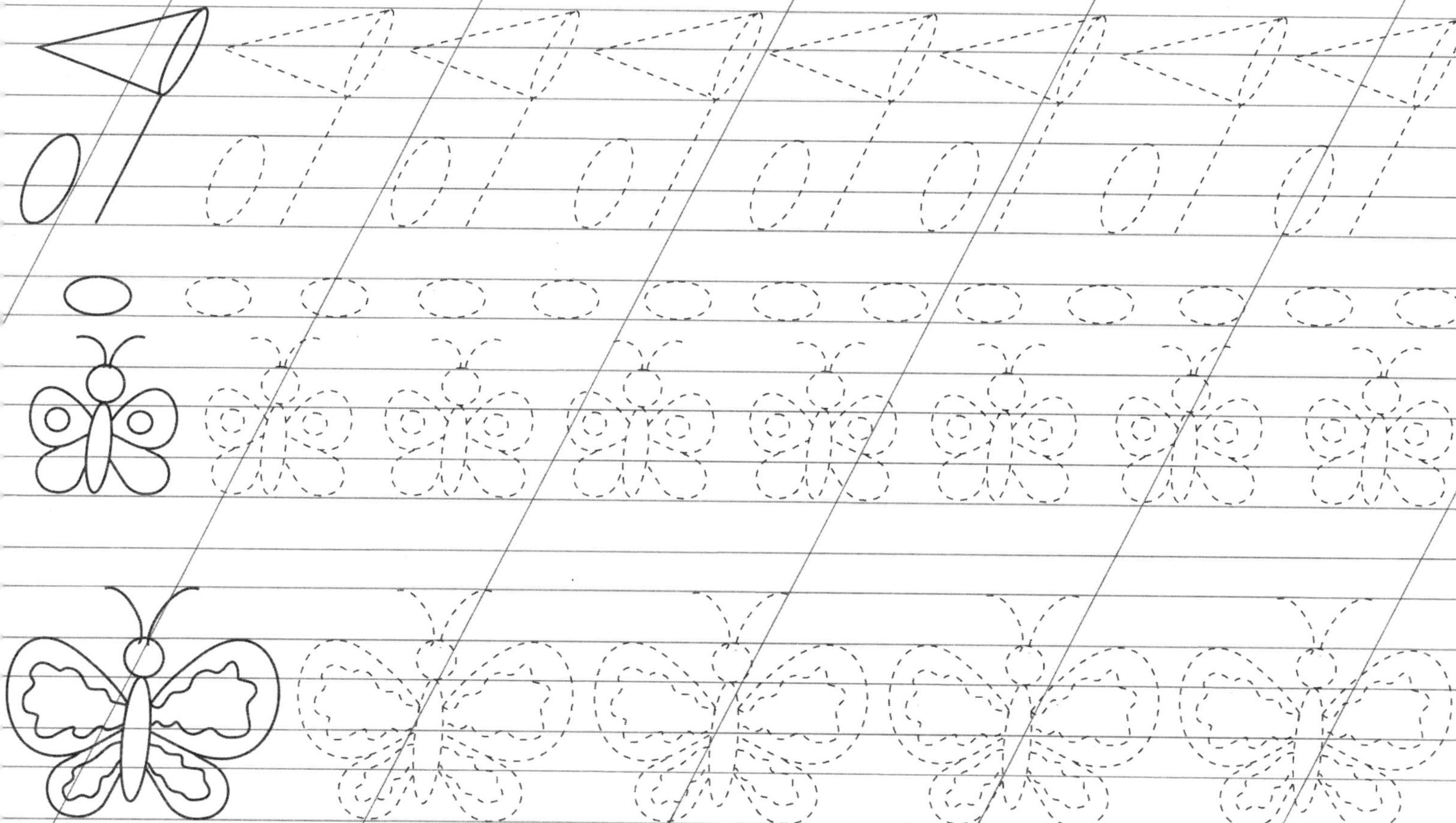

ОБВЕДИ И РАСКРАСЬ

ОБВЕДИ И РАСКРАСЬ

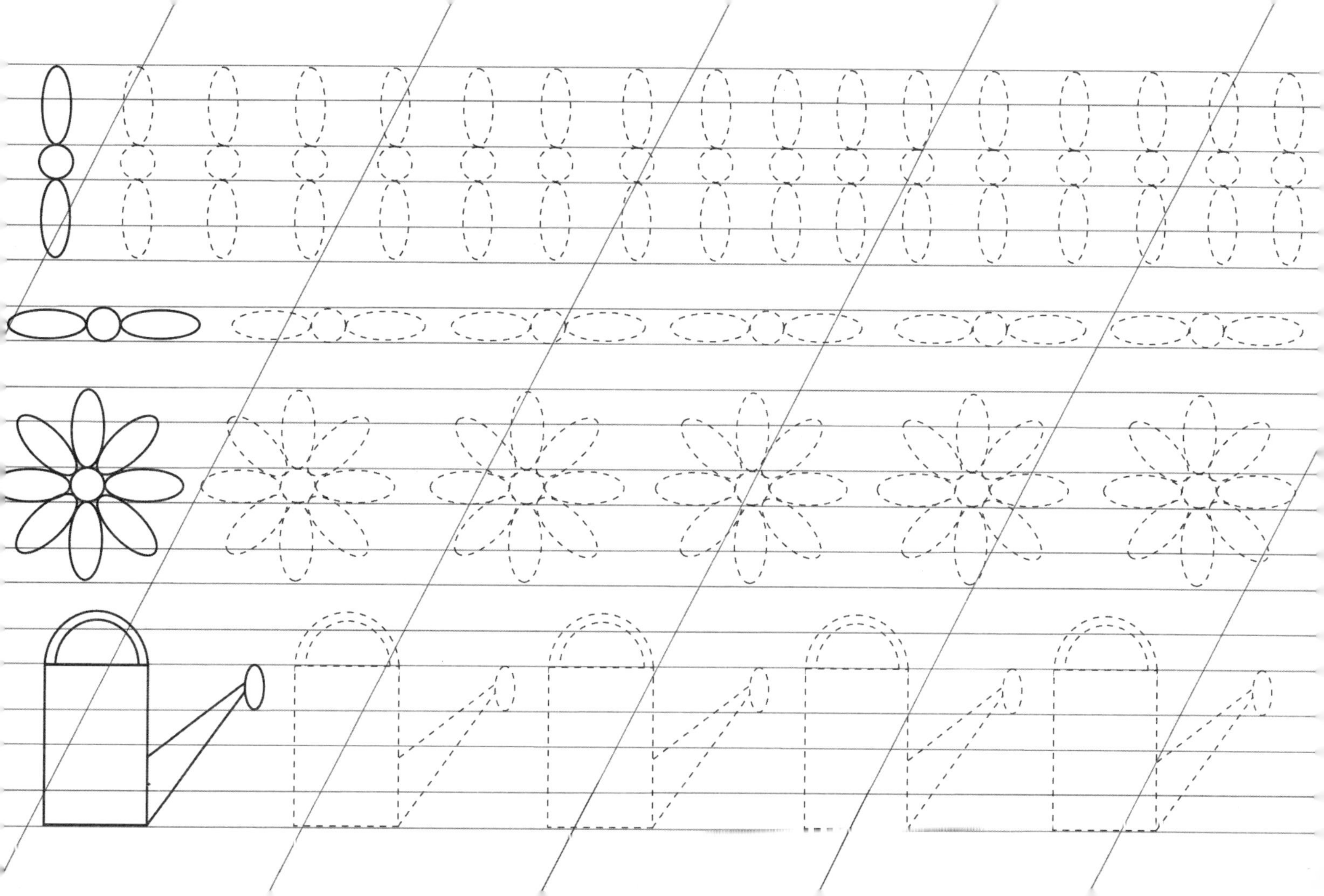

ОБВЕДИ И РАСКРАСЬ

Аа Бб Вв Гг Дд Ее Ёё

Жж Зз Ии Йй Кк Лл

Мм Нн Оо Пп Рр Сс

Тт Уу Фф Хх Цц Чч

Шш Щщ ъ ы ь Ээ Юю Яя